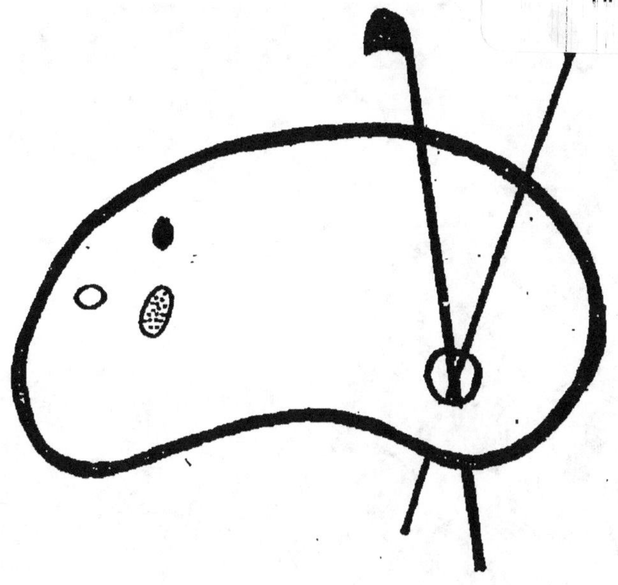

DÉBUT D'UNE SÉRIE DE DOCUMENTS
EN COULEUR

Prix: 5 Centimes

la Librairie du Jardin Zoologique d'Acclimatation

PARIS

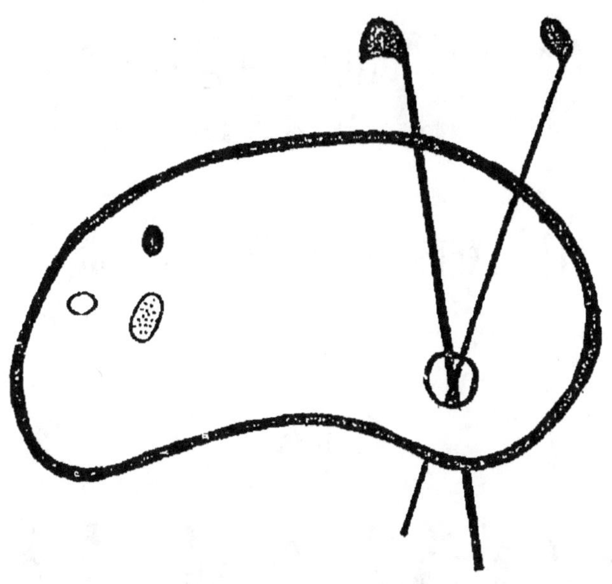

FIN D'UNE SÉRIE DE DOCUMENTS
EN COULEUR

Jardin Zoologique d'Acclimatation
DE PARIS

17ᵉ EXHIBITION ETHNOGRAPHIQUE

LES
SOMALIS

PAR

FULBERT-DUMONTEIL

AOUT 1890

PARIS
IMPRIMERIE DUBUISSON ET Cⁱᵉ (PALLET, GÉRANT)

5, RUE COQ-HÉRON, 5
1890

LES SOMALIS

AU

JARDIN ZOOLOGIQUE D'ACCLIMATATION

Continuant l'instructive et curieuse série de ses exhibitions ethnographiques, le Jardin Zoologique d'Acclimatation de Paris présente actuellement à ses visiteurs une caravane du plus haut intérêt, composée de vingt-six Somalis, hommes, femmes et enfants ; d'animaux de leur lointain pays, dromadaires, autruches, antilopes, chèvres, moutons, chevaux.

Les Somalis habitent la pointe extrême du nord-est africain, baignée par les eaux du golfe d'Aden et de l'océan Indien. Vers le nord l'Abyssinie, au sud le Zanzibar, vers l'occident des limites indécises, le pays des Gallas en guerre incessante avec les Somalis.

Ce vaste et sauvage territoire d'environ 800,000 kilomètres carrés, embrasse trois parties : le littoral avec ses côtes désolées, plates et nues ; ses promontoires redoutables, ses caps inhospitaliers, Gardafui et Ras-Hafun où, l'été surtout, soufflent d'effroyables tempêtes ; où les obstacles de la navigation s'augmentent encore de la nature farouche et pillarde des indigènes. Après le littoral, l'intérieur, plaines arides et tristes,

A. LARIPPE

CONSTRUCTEUR

24 & 26 avenue de la Grande-Armée 24 & 26

PARIS

VENTE, LOCATION, ÉCHANGE, RÉPARATION

Seule maison donnant en location des machines neuves, avec facilité d'en devenir acquéreur. Dans ce cas, il est tenu compte de la location versée.

Voir pages 10 et 18.

COFFRES-FORTS TOUT EN FER

FÉLIX ALLARD

Maison de vente, 8, boulevard Saint-Martin

USINE A LA VILLETTE

COFFRES-FORTS DE TOUTES GRANDEURS

depuis.............. **140** fr.
jusqu'à............. **1,500** fr.

Envoi franco de Dessins et Tarifs sur demandes

ASSORTIMENT COMPLET EN MAGASINS

venant se heurter à de hautes falaises ; enfin, des plateaux couronnés de monts abruptes, où les Somalis nomades mènent avec leurs troupeaux la vie errante et pastorale des temps bibliques.

Sur le littoral, de rares comptoirs et quelques villes, qui ne sont que des villages ; point de culture, partout des pierres, une végétation souffreteuse et brûlée par un ardent soleil, l'acacia, l'aloès, de maigres palmiers, le caoutchoutier, de chétifs mimosas ; des ruisseaux desséchés qui, tout à coup, gonflés par les pluies, débordent en torrents impétueux. Deux fleuves seulement, le Webbi et le Juba, qui, sortant des montagnes de l'Abyssinie et du pays des Gallas, se dirigent vers l'océan Indien, sans que le Webbi parvienne à l'atteindre ; il disparaît dans le sable à quelques kilomètres de la côte. Plus heureux dans leur course, le Davor et le Tur-deer, principaux torrents de ces régions altérées, finissent par arriver à l'océan Indien.

Malgré la pénurie des eaux, la faune se trouve largement représentée sur le vaste territoire des Somalis, des Gallas, des Mazaïs et de l'Abyssinie méridionale : Dans la plaine, des troupeaux d'antilopes parcourent le pays d'un pied rapide ; c'est le Beisa au front marqué de roux, aux joues tachées de noir, à la tête superbement encornée ; c'est le Pasan intrépide qui, de ses cornes, deux épées, repousse vaillamment les carnassiers que sa chair attire ; c'est le Bubale aux formes robustes ; ce sont enfin des bandes d'Algazelles qui passent comme un souffle du désert ; dans l'intérieur, sur les hauts plateaux, gazelles de Sommering, et gazelles Isabelles, processions incessantes et pittoresques, bandes inoffensives et charmantes.

Dans le Sud, on trouve le zèbre ; la girafe élève son grand cou vers les hautes branches des palmiers et la poussière vole sous le sabot de bronze des monstrueux rhinocéros passant comme une avalanche. L'éléphant abonde dans la région montagneuse qui lui offre l'herbe et l'eau dont

TÉLÉPHONE
TÉLÉPHONE
— 8 —
MALADIES DES CHIENS
SANFOURCHE, 81, rue de Clichy.

il a besoin. Dans les deux fleuves du pays somali, deux monstres apparaissent à la surface des eaux, ou s'allongent dans le limon du rivage : le crocodile et l'hippopotame.

Les carnassiers foisonnent : le lion prélève une dîme régulière et souveraine sur le bétail dont il est le fléau ; le léopard, plein d'audace, s'attaquant de préférence à l'homme, présente dans ces contrées une taille, une vigueur et une férocité exceptionnelles. Des bandes assourdissantes de chacals font retentir les nuits de leurs glapissements diaboliques auxquels se mêle le ricanement des hyènes rayées et tachetées, avides de chairs mortes ; moins redoutable, mais aussi commun que le léopard, le guépard, que le Somali ne dresse pas à la chasse comme l'Abyssin, le Persan et l'Indou, promène dans le bois sa robe éblouissante.

Beaucoup d'oiseaux ; des oiseaux de proie, le corbeau qui est de tous les pays et de tous les festins immondes, des hiboux avides de reptiles se lamentant avec des cris sinistres ; des volées superbes de pélicans traversent le ciel bleu pour aller se poser sur les rivages de l'océan Indien.

Les serpents pullulent, généralement petits, mais le plus souvent venimeux ; il s'en trouve dont la morsure est foudroyante ; en moins de deux heures, la victime succombe dans d'affreuses douleurs. La piqûre du scorpion noir y présente aussi de grands dangers ; on rencontre également des lézards étranges, à la queue aplatie, chargée d'écailles singulières, mais à peu près inoffensifs.

Les Somalis, de vieille race africaine, altérée dans le cours des siècles par des sangs divers dont les traces se distinguent aisément, sont un des beaux types de l'Afrique. Vers le Sud seulement, il s'est dégradé au contact des races nègres. Le corps est svelte, élégant, nerveux, presque fin ; plus agile et plus souple que musculeux ; le profil régulier, le visage bien fait, l'attitude fière et noble, l'air farouche et hardi,

(Voir pages 6 et 18)

COFFRES-FORTS INCOMBUSTIBLES TOUT EN FER

FÉLIX ALLARD

Boulevard St-Martin, 8

USINE A LA VILLETTE

Coffre-fort-meuble tout en fer

Depuis 350, jusqu'à 550 fr.

5 GRANDEURS DIFFÉRENTES (EN MAGASIN)

Avec décors au choix de l'acquéreur

ENVOI FRANCO DE DESSINS ET TARIFS SUR DEMANDE

ASSORTIMENT COMPLET EN MAGASIN

la physionomie intelligente et grave, respirant l'astuce et l'énergie.

Comme toutes les populations nomades, les Somalis supportent à souhait la fatigue, la faim, la soif. Leur étonnante sobriété égale leur patience et leur énergie, résiste à toutes les privations comme leur courage brave tous les dangers.

Point d'organisation politique ; hostiles au progrès, farouches et soupçonneux, prêtant à la plus infime caravane des projets de conquête et d'asservissement, se croyant toujours menacés ou trahis, musulmans fanatiques, enfermés dans un verset du Coran, leur seul code et leur unique loi. Aussi inhospitaliers que leur pays lui-même, ajoutant aux barrières presque inaccessibles de leur territoire sauvage les barrières implacables d'un esprit réfractaire qui s'isole dans une indépendance inféconde et un dédain stérile, exécrant l'étranger et méprisant les chrétiens, tels sont les Somalis offrant, aujourd'hui, à peu près le même aspect qui les distinguait il y a près de quatre mille ans, dix-huit siècles avant l'ère chrétienne.

Aussi bien, à l'époque actuelle, à cause de la nature inexorable du sol et du climat, du caractères oupçonneux, violent et fanatique des indigènes, le pays des Somalis est une des régions les plus inconnues de l'Afrique barbare. Faire la liste des voyageurs qui ont tenté d'explorer ces contrées sauvages, serait dresser une longue et lamentable nécrologie.

On se figure aisément les obstacles de tous les genres qu'il a fallu surmonter, les négociations qu'il a fallu réussir pour décider la caravane du Jardin d'Acclimatation à venir dans cette Europe que leur tribu déteste et méprise.

Un mot du costume : sur les côtes, les Somalis ont la tête à peu près rasée ; ailleurs, ils portent les cheveux longs et rougis à l'aide de la chaux. Malgré l'ardeur du soleil, ils vont toujours la tête nue, si l'on excepte les femmes mariées coiffées d'un madras et les prêtres d'un turban.

FILTRES CHAMBERLAND
SYSTÈME PASTEUR

Extrait d'une lettre de M. PASTEUR, du 1er Mars 1886

Par votre lettre du 26 février 1886, vous me demandez si j'ai autorisé de vendre, avec mention de mon nom sur affiche ou prospectus, des filtres autres que celui de **M. CHAMBERLAND.** *Je n'ai point donné cette autorisation et c'est tout-à-fait à mon insu et contre mon gré que cette usurpation de mon nom a pu avoir lieu.*

Signé : L. PASTEUR.

J. BOULET & Cie, seuls concessionnaires
31-33, RUE BOINOD, à PARIS

Au lieu de la coiffe distinguant la femme mariée, la jeune fille a toujours la tête découverte.

Charmante cette coiffure de tresses mignonnes et rougies à la chaux, faisant à ces têtes égyptiennes comme une couronne de grapillons dorés.

C'est ainsi que ces profils antiques et purs, éclairés de grands yeux noirs de sphinx mystérieux font rêver des Pharaons et des Ptolémées.

La femme somali ne se voile jamais devant l'étranger, comme la femme arabe. Son visage aux traits réguliers a du charme et de la grâce, mais une précoce vieillesse la flétrit bien vite.

Chez ces indigènes la couleur de la peau varie du rouge clair au noir profond ; cette différence de teintes s'observe jusque dans les membres d'une même famille.

Hommes et femmes se drapent, d'un geste élégant, dans une pièce de cotonnade américaine que les femmes agrafent sur l'épaule, à la mode antique des Grecques et des Romaines. Cette sorte de peplum, d'une grâce très décorative dans sa simplicité, sied parfaitement à la fière et native élégance de ces femmes. Les vieilles civilisations égyptienne, grecque et romaine ont rayonné jusque dans les retraites obscures et lointaines de ces régions ; il en est resté dans les armes, les costumes, les mots eux-mêmes de curieux vestiges.

Beaucoup de bijoux : boucles d'oreilles et colliers, avec plaque d'argent ornementé, pendant sur la poitrine ; bracelets au coude et bracelets au poignet. Aux femmes pauvres des colliers de perles en verre, complétés, en guise de plaque d'argent, de coquillages et de cailloux bizarres, amulettes primitives et vénérées depuis des siècles. Les deux sexes portent de lourdes sandales, habilement travaillées par les femmes qui ont la charge de tous les travaux.

Entourée d'égards, la femme enceinte s'habille d'étoffes éclatantes dont la voyante couleur est une sorte d'insigne. Ces étoffes viennent du sud

FUSILS ANGLAIS

Les Anglais se sont acquis dans les armes de chasse un renom universel, dû à la perfection qu'ils ont atteinte dans cette fabrication, et entre tous il convient de citer, comme méritant une place à part,

W. W. GREENER

vainqueur à tous les concours de tir et à qui l'armurerie est redevable : du **triple verrou**, la plus solide des fermetures; du **choke-bore**, qui donne le tir le plus long et le plus régulier; de l'**éjecteur automatique**, le plus simple, le seul qui fonctionne sans addition de pièces.

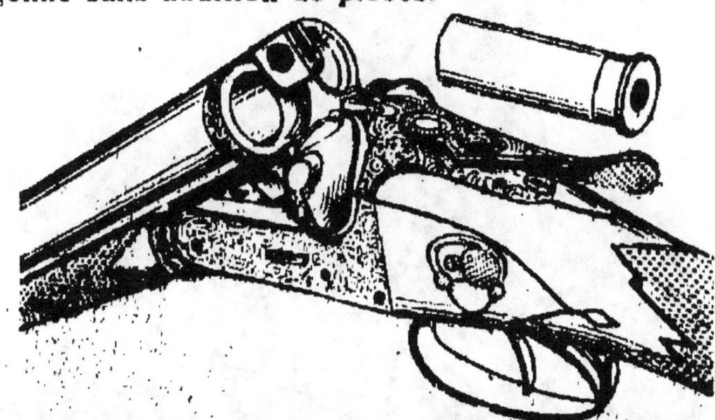

La **Sécurité**, la **Commodité**, la **Précision** sont les qualités principales qui recommandent les armes de

W. W. GREENER

Fusils à triple verrou à chiens et sans chiens, depuis **450** fr.
Fusils à éjecteur automatique........... — **850** fr.
Fusils à double verrou, à chiens........ — **275** fr.

Grand choix de Carabines américaines de tir, de chasse, d'exploration. — Carabines de tir et de salon. — Revolvers de toutes marques, américaines et autres. — Munitions de chasse et de tir. — Equipements de chasse. — Cartouches de premier choix avec poudre sans fumée.

PRIX MODÉRÉS

A. GUINARD, 8, avenue de l'Opéra, PARIS
Catalogue franco sur demande.

de l'Arabie, bien que sur les bords du Wobbi et du Juba les riverains tissent le coton avec une certaine habileté.

Comme signe de consécration les prêtres ne quittent jamais une gaine en cuir qui renferme un précieux trésor : le Coran. Tout Somali qui voyage doit être muni d'une bouteille d'herbes tressées, ou creusée dans le bois, contenant l'eau nécessaire aux ablutions religieuses. A ce viati-

que obligatoire il doit joindre une grande pièce de cuir sur laquelle il passe la nuit.

D'humeur belliqueuse et pillarde, sans cesse en guerre avec les tribus du voisinage, les Somalis ajoutent une importance toute naturelle au nombre comme à la qualité de leurs armes. Astucieux et cruels, sans parole et sans foi, farouchement rebelles à toute autorité et dépourvus de toute organisation politique, les Somalis n'écoutent guère que les prêtres, les Wodalins qui vivent comme en communautés dans l'intérieur du pays, veillant avec un soin jaloux à stimuler le fanatisme de l'indigène.

Le territoire se trouve partagé entre une infinité de clans perpétuellement en guerre. Ces luttes acharnées, ruine et fléau du pays, ne cessent que pour reprendre avec une implacable férocité, et se terminent trop souvent par l'anéantissement presque absolu des combattants. Comme il n'existe chez les Somalis d'autre loi que le talion, il ne manque jamais de prétexte pour réveiller ces luttes ruineuses parmi des tribus hostiles les unes aux autres.

Sous les armes — il y est presque toujours, — le Somali a l'air d'une panoplie vivante. Sa tente, son gourgui, est comme un arsenal.

Deux lances, l'une à longue hampe, arme d'hast, l'autre à hampe courte, arme de jet, se lançant de très loin; un long couteau à poignée de corne, habilement incrustée de lamelles d'étain, et pendant au côté droit du guerrier; un petit bouclier rond en cuir de rhinocéros, de girafe ou d'antilope Beïsa; un grand arc envoyant avec une étonnante justesse de petites flèches, parfois empoisonnées; haches et poignards, tels qu'en employait, il y a trois mille ans, l'infanterie de la vieille Egypte; de longues et formidables massues, des frondes maniées avec une habileté meurtrière, telles sont les armes des Somalis. Rarement ils emploient les armes à feu, qui semblent leur inspirer quelque crainte.

Cavaliers adroits, les Somalis harnachent leurs

(Voir pages 6 et 19)

COFFRES-FORTS TOUT EN FER

Félix ALLARD

Maison de vente

BOULEVARD SAINT-MARTIN, 8

USINE A LA VILLETTE

COFFRETS MURAUX DE 25 A 130 FR.

Coffrets moirés à bijoux, de 9 à 40 fr.

ASSORTIMENT COMPLET EN MAGASIN

Envoi franco de Dessins et Tarifs sur demande

élégants petits chevaux de selles et de brides
arabes parées d'une multitude de tresses origi-
nales en cotonnade rouge. Dans leurs course

rapides, ils s'ingénient à imprimer à leurs bras
souples, à leurs cheveux flottants, le mouvement
du cheval, sorte de cadence rithmée d'un effet
plein de grâce. Il est à remarquer que, chez les

BLANCHISSERIE

DE
GRENELLE

31, Boulevard de Grenelle, 31

ENTREPRISE DE BLANCHISSAGE

POUR

Hôtels, Restaurants, Collèges et Administrations diverses

LOCATION DE LINGE

POUR

Hôtels, Restaurants, Boucheries, etc.

Calandrage et apprêts de linge neuf en pièces, décatissage, cylindrage et dossage.

Monsieur EDELINE, propriétaire de la Blanchisserie de Grenelle, vient encore d'acquérir la Blanchisserie Générale, 125, rue de Reuilly.

TÉLÉPHONE

Somalis, rien ne distingue dans le costume et l'armement les chefs guerriers ou Saladins. Le cheval somali sert peu à la chasse, mais quel précieux auxiliaire pour les entreprises de maraude et de pillage si communes dans ce pays. Les Somalis possèdent un âne robuste et nerveux, aussi sobre qu'infatigable, dérivé de l'onagre.

Le dromadaire est pour les Somalis ce que le renne est pour le Lapon, l'éléphant pour l'Indien, le zébu pour le Cynghalais. Sa rapidité dépasse sa vigueur ; svelte et élancé, de structure légère, il ne saurait franchir de longues distances avec plus de 100 kilos de charge. On affirme qu'il peut marcher quinze jours sans boire. Sans cette précieuse faculté, il serait impossible à l'indigène de parcourir, pendant les trois quarts de l'année, les plaines brûlées de l'intérieur. Vivant en troupes innombrables dans les parages des hauts plateaux, le dromadaire constitue la fortune d'un riche Somali. Dot ou rançon, c'est toujours en dromadaires qu'on règle ; c'est l'unité monétaire du pays, qu'il s'agisse d'amende ou de mariage.

Aux troupeaux de dromadaires se mêlent des bœufs à bosses ou zébus, des chèvres, des moutons d'origine asiatique, à la face noire, couverts de poils, à la queue fortement chargée de graisse, à la chair excellente et fine.

L'habitation des Somalis consiste en gourguis, huttes grossières et mobiles qu'ils emportent en changeant de campement. Ces tentes sont couvertes de nattes dont les longs filaments noircis par la fumée, prennent l'aspect original de peaux garnies de poils fantastiques.

Dans le gourgui, des armes dont la forme remonte aux temps antiques, de curieux objets de cuisine et de ménage pareils aux ébauches grossières des temps préhistoriques : vases en terre noire sans aucun ornement, cuillères et plats en bois d'une simplicité toute primitive, paniers de tous genres, calebasses et corbeilles, outres pour

transporter l'eau souvent lointaine, bombes en
cuir d'antilope pour conserver la graisse, pots en
bois pour le lait, gombos pour la viande gardée
sous la graisse, safat ou grand sac en peau de
gazelle, tout garni de coquillages et de rubans,
parfumé d'herbes odorantes et destiné à abriter
les costumes de fêtes.

Pêcheurs habiles, les Somalis prennent d'ex-
cellents poissons à la ligne et à l'épervier;
chasseurs adroits et vaillants, ils poursuivent les
tronpeaux de gazelles qu'atteignent leurs flèches
empoisonnées. Avec ingéniosité, ils se rendent

maîtres de l'autruche insaisissable et vagabonde, non pour la tuer, mais pour la plumer. Sur son passage, ils sèment adroitement des gourgettes de golfon dont l'oiseau est très friand et puis se cachent ; l'autruche arrive, avale le fruit trompeur, habilement farci de gomme vénéneuse ; presque aussitôt, elle tombe étourdie sous la main du chasseur qui lui lie les jambes, la plume vivante, lui rend ensuite la liberté en attendant 'la plumaison de l'an prochain. C'est moins une chasse qu'une récolte. N'est-ce pas, à peu près ainsi, que l'habitant du Nord se comporte avec l'eider plumé à outrance chaque printemps ?

Le pays des Somalis produit la gomme, les encens et la myrrhe, le maïoli, les nacres et les ivoires, les perles, les écailles, les bois de teinture, des fibres d'aloès et d'acacia dont il se fabrique de très belles nattes et de charmantes corbeilles. Le sol offre des mines de sel gemme, de fer et de plomb, des gisements de guano ; rappelons aussi le chanvre et le beurre fondu, les moutons, bœufs, chèvres et chevaux, des peaux variées et précieuses qu'on exporte également. En échange, les Somalis importent des dattes et du doura, du café du golfe Persique qui constitue le principal aliment des tribus, des cotonnades d'origine américaine ou indoue, des perles, de l'ambre jaune, du sel.

C'est surtout en hiver que le commerce prend de l'activité dans les deux principaux marchés de la côte, Berbera et Bulach, où des caravanes de 50 à 1,000 dromadaires amènent journellement les produits de l'intérieur.

Les importations sont faites par les Arabes et principalement par les Indous. Ajoutons que les Somalis sédentaires du littoral prélèvent une importante commission pour servir d'intermédiaires entre les négociants étrangers et les consommateurs indigènes.

Il va sans dire que l'industrie a beaucoup moins d'importance que le commerce dans ce pays. On y rencontre pourtant d'adroits forgerons et

d'habiles mégissiers, fabricants de sandales, de selles et de boucliers ; d'ingénieux sculpteurs de cuillères, d'épingles, de peignes et de bracelets en bois, d'appui-tête, oreillers d'une étrange originalité.

Les femmes tressent des nattes élégantes et finement coloriées, des corbeilles aussi gracieuses que résistantes, ornées de coquilles et de bandelettes de cuir gaiement bigarré, destinées à la conservation du lait et de l'eau. Au point de vue artistique, le Somali ne le cède à aucune race africaine.

La nourriture habituelle de ces tribus se compose de dattes et de la moutana. Les nomades des grands plateaux vivent de lait, de beurre et de bétail, conservent dans la graisse des morceaux de mouton grillé qu'ils emportent dans leurs pérégrinations ; ils mangent de toutes espèces de gazelles, mais ne touchent jamais aux oiseaux. Quand la pénurie d'aliments se fait sentir, ils se résignent à manger des herbes, des feuilles, des racines et des baies sauvages. Ils s'interdisent, avec la dernière rigueur, la volaille, les poissons et tout animal qui n'a pas été tué selon le rite de Mahomet. Jamais ils ne touchent à une liqueur spiritueuse.

Très curieuses les mœurs de ces tribus lointaines. Les Somalis ne peuvent se marier qu'à quinze ans, mais à leur guise, à leur caprice. La polygamie est un privilège des riches ; les inclinations du cœur se tarifient par une paire de bœufs ou de dromadaires, selon le degré d'amour. Les femmes s'achètent et le prix filial en reste dans les mains du père de famille.

Le divorce existe, mais c'est le mari seul qui le demande, le juge et le prononce.

La fille apporte en dot à son mari le gourgui, quelques meubles, un peu de bétail. Les noces se célèbrent sans cérémonie. Les compagnes de la jeune mariée lui offrent comme cadeau de noces, d'invariables Daberads ou brûle-parfums. Le prêtre invoque Mahomet, récite quelques versets

E. FOUQUET

138, Rue de Rivoli, 138

CAFÉS FOUQUET

CHOCOLATS FOUQUET

CACAO FOUQUET

THÉS FOUQUET

CAVES FOUQUET

VINS EN NATURE

Garantis sans mouillage

ET SANS RAISIN SEC

138, Rue de Rivoli, 138

Demandez le Catalogue Général

du Coran, et la cérémonie est terminée. Le soir on égorge un mouton, et la nuit, un tintamarre abominable retentit en signe de joie, autour de la case des mariés.

Les vieillards, les infirmes, les malades et les fous sont entourés, chez ce peuple aux mœurs si farouches et si rudes, de tous les respects. Pour la femme enceinte, ses compagnes rivalisent de prévenances et d'attentions.

Les funérailles sont toujours d'une grande simplicité ; une douleur sincère et naïve fait cortège aux morts. Les champs des morts sont les seuls que l'on cultive au pays des Somalis. Ces cimetières isolés dans la plaine aride ou les ravins sauvages, visités des chacals et des hyènes, sont l'objet d'une grande vénération.

Dans le beau livre qu'il a consacré au pays des Somalis, le vaillant explorateur et distingué écrivain, M. Georges Révoil, raconte les touchantes funérailles dont il fut le témoin ému. On enterrait une jeune fille, morte, après deux heures de souffrances atroces, de la piqûre d'un serpent. Six hommes portaient son cercueil parfumé de fleurs sauvages, et, de temps à autre, de nouveaux porteurs se succédaient avec un silencieux empressement afin que tous les membres de la tribu pussent participer à ce suprême honneur. Ni chant ni démonstration bruyante ; seulement la cadence sourde des pas lourds des porteurs et de l'escorte, accompagnée de la triste mélopée musulmane : « Là illah, illah, allah ! ». Tout autour du cercueil en marche, des jeunes filles, au peplum flottant, agrafé à l'épaule, élevant, de leurs bras nus, des brûle-parfums au-dessus de la morte : cortège d'une grâce antique, rappelant après tant de siècles, les cérémonies des Grecs et des Romains : on aurait pu croire assister, dans le trompeur éclat d'un mirage historique, aux lointaines funérailles d'une fille d'Argos.

Et, en effet, dans les armes, les outils, les usages et les coutumes, les ruines et les curieux objets qu'elles recouvrent, on retrouve les traces

LA GARANTIE FÉDÉRALE

Société anonyme d'assurances en mutualité à cotisations fixes

CONTRE LA MORTALITÉ DES BESTIAUX

*Constituée conformément à la loi du 27 juillet 1867
et au décret du 22 janvier 1868*

SIÈGE SOCIAL : rue des Bourdonnais, 38, PARIS

———————

Les opérations de la Société sont soumises à un double contrôle :

1° Celui du Conseil d'administration ;
2° Celui d'un commissaire institué par décret du 22 janvier 1868.

Résumé des opérations de la Société depuis sa fondation

1° Assurés.................................. 79,900
2° Assurés sinistrés........................ 15,800
3° Capitaux engagés à l'assurance 167,500,000 fr.»
4° Indemnités payées....................... 3,103,950 20

Garanties offertes par la Société

Réserve réalisée........................... 80,000 »
Cotisations à percevoir pendant
la durée des contrats actuelle-
ment en cours............................. 1,959,687 20

La Garantie Fédérale compte, en outre, au nombre de ses assurés, *La Société du Jardin d'Acclimatation et du Pré-Catelan.*

des civilisations égyptienne, grecque et romaine, qui vinrent rayonner jusque dans les retraites obscures des vieux Somalis. Dans les tumuli de cette région barbare, M. Georges Révoil, avec les plus louables efforts, a découvert des haches, des couteaux, des grattoirs, des vases d'albâtre, des poteries rouges de Samos, des fragments de verre à côtes bleutées, des débris d'amphore, à côté d'ossements de poissons et de squelettes de tortues gigantesques, de poteries de fer et de bronze, de clous bizarres et de perles en cornaline. Ces poteries émaillées de bleu et de vert datent de l'époque des Ptolémées ; ces fragments d'émaux et de poteries rouges remontent aux Romains. Au musée des antiques du Louvre et dans les collections de l'art Pompéien, M. Révoil a retrouvé des objets absolument pareils à ses découvertes des tumuli somalis. Mais un jour est venue la conquête arabe qui, du cimeterre musulman, a effacé tant de vestiges d'antiques civilisations.

Décadents ou primitifs, tous ces types que nous avons vus défiler au Jardin Zoologique d'Acclimatation, nous étonnent et ces races arriérées nous font sourire. Qu'ils semblent misérables et chétifs, ces indigènes, au milieu des prodiges éclatants et des féeries éblouissantes de notre civilisation.

Soyons indulgents : civilisations enfantines ou caduques, naissantes ou disparues, avenir ou passé, tombe ou berceau, tout cela fut ou sera, car c'est l'humanité avec son flux et son reflux irrésistibles ; tout cela lutte, souffre, aime, espère, pense, s'agite, poussé par un doigt souverain vers un but mystérieux et fatal, s'éveille aux horizons lumineux d'une vie attendue ou doit s'endormir bientôt dans l'éternelle nuit des âges à jamais éteints.....

FULBERT-DUMONTEIL.

LAWN TENNIS
CROQUET-CRICKET
La CROSSE et autres
JEUX pour la
Campagne
TONDEUSES pour Gazon
WILLIAMS & Cie
1, rue Caumartin. PARIS - Envoi f° Catalogue illustré.

HOME TÉLÉPHONE

(Téléphone domestique)

9, AVENUE DE L'OPÉRA M

PARIS

Cet appareil, le meilleur et le moins cher de tous les systèmes connus, est surtout pratique dans les **Châteaux, Maisons de campagne, Villas, Rendez-vous de chasse, Collèges, Usines, etc., etc.**

Tous les services du Jardin d'Acclimatation sont reliés entre eux par les appareils du **Home Téléphone** qui fonctionnent depuis deux ans sans interruption aucune.

Envoi franco du Catalogue

9, AVENUE DE L'OPÉRA 9

www.ingramcontent.com/pod-product-compliance
Lightning Source LLC
LaVergne TN
LVHW050316030726
842520LV00005B/1613